L'EXPULSION

DU

COLLÈGE CATHOLIQUE

D'AIX

AIX

IMPRIMERIE J. NICOT, RUE DU LOUVRE, 16

1907

L'EXPULSION
DU
COLLEGE CATHOLIQUE D'AIX

Cour d'Honneur et Chapelle du Collège Catholique

L'EXPULSION
DU
COLLÈGE CATHOLIQUE
D'AIX

AIX

IMPRIMERIE J. NICOT, RUE DU LOUVRE, 16

1907

L'EXPULSION

DU

Collège Catholique

D'AIX

~~~~~

Dans la guerre religieuse actuelle où les iniquités se succèdent si rapidement que celles d'aujourd'hui font oublier celles d'hier, il est des actes où l'odieux et l'injustice éclatent avec une force telle que le souvenir ne doit pas s'en perdre.

L'expulsion du Collège Catholique d'Aix est un de ces actes !

Aussi quelques pères de famille dont les enfants furent victimes de ce brutal coup de force, ont-ils cru de leur devoir de rappeler, en ces lignes écrites avec un souci scrupuleux de la vérité, comment fut opérée l'expulsion. Ils sont convaincus que ce seul récit excitera chez tous les hommes de cœur les sentiments d'indignation qu'ils ont eux-mêmes éprouvés.

*_**

Un mot d'abord sur la situation de l'Etablissement.

Comment fut bâti le Collège

Le Collège Catholique a été construit en 1853.

A cette date s'élevaient déjà au n° 62 du boulevard Carnot les bâtiments du Petit-Séminaire acquis par M₈ʳ de Bausset-Roquefort, archevêque d'Aix, en 1825 et 1828, et légués par lui au Bureau des Séminaires.

C'est au n° 58 du boulevard Carnot que Mᵍʳ Darcimoles, par acte passé devant Mᵉˢ Béraud et Aude, notaires à Aix, le 5 novembre 1852, fit l'achat des terrains où devait s'élever le Collège.

La première pierre fut posée le 1ᵉʳ août 1853 dans une fête dont un certain nombre d'Aixois se souviennent encore ; la direction des travaux fut confiée à un architecte de renom M. Revoil. Mᵍʳ Darcimoles, dans un acte régulièrement approuvé par l'Etat, fit ensuite donation du nouvel établissement au Bureau des Séminaires.

Les frais considérables entraînés soit par l'acquisition des terrains, soit par la construction du Collège furent supportés *exclusivement* par les catholiques qui rivalisèrent de générosité à cette occasion. En 1863 on avait déjà dépensé *477.000 francs* et tout n'était pas encore payé. En 1907 on pouvait estimer à *740.000 francs* la somme totale des dépenses effectuées.

Ces deux établissements élevés par la générosité catholique, la loi de Séparation les a volés à l'Eglise, *au mépris des intentions formelles des donateurs* dont les sacrifices n'avaient qu'un seul but : favoriser le développement de l'enseignement catholique.

C'est un vol légal, mais au regard de la conscience *c'est un vol.*

On ne devait pas se contenter de cette iniquité.

Petit-Séminaire et Collège Catholique

Dans les bâtiments que la loi de Séparation vient d'arracher ainsi à leurs légitimes propriétaires, prospéraient *deux* institutions, *parfaitement distinctes et tout à fait différentes :* le *Petit-Séminaire* et le *Collège Catholique* ou « École libre du Sacré-Cœur ».

Une certaine presse a essayé d'embrouiller cette situation si claire et a affecté de considérer que les bâtiments du Collège n'abritaient que le Petit-Séminaire. *C'est absolument inexact.*

Depuis octobre 1875, il y avait là à côté du *Petit-Séminaire* dépendant du Bureau des Séminaires et logé par conséquent *chez lui,* le *Collège Catholique,* établissement libre d'enseignement secondaire qui y était à titre de *locataire.*

Le Petit-Séminaire formait les jeunes gens qui se destinaient au sacerdoce, les futurs prêtres.

Le Collège Catholique donnait l'instruction secondaire à des jeunes gens qui se préparaient à toutes sortes de carrières; absolument comme le Lycée. Il se confondait si peu avec le Petit-Séminaire qu'on y a parfois reçu des protestants !

— 8 —

Le Petit-Séminaire dépendait du ministre de l'Intérieur, était soumis au contrôle de la Sous-Préfecture; mais exempt de l'inspection académique et des conditions et formalités de la loi de 1850 (loi Falloux).

Le Collège Catholique dépendait du ministre de l'Instruction publique, n'avait rien à voir avec la Sous-Préfecture, mais était soumis à l'inspection académique et aux exigences de la loi Falloux, notamment pour la nomination du titulaire.

Il y avait là par conséquent *deux institutions distinctes*, avec un but différent, et soumises à des législations différentes, si différentes qu'on s'y prit à deux fois pour les expulser l'une et l'autre.

La Dissolution du Petit-Séminaire

Le 12 décembre 1906, le Commissaire Central notifiait au Président du Bureau des Séminaires une mise en demeure d'évacuer *le Petit-Séminaire*. Cet acte écrit, signé du Préfet des Bouches-du-Rhône *se basait sur le fait que le Petit-Séminaire ne s'était pas transformé en École secondaire libre*, et n'était pas en règle avec la loi Falloux.

Quelque douloureuse que fût cette mesure, elle ne pouvait donner aucune inquiétude au Collège Catholique, puisque le motif de la dissolution du Petit-Séminaire, c'était *précisément* qu'il ne se trouvait pas dans la même situation que le Collège! qu'il ne remplissait pas les conditions remplies par le Collège, relativement à la loi Falloux !

Quoi qu'il en soit, les règles de l'humanité furent observées dans cette dissolution : l'évacuation eut lieu le 16 seulement, *le supérieur put prévenir à l'avance les familles* des 36 enfants qui quittaient le Petit-Séminaire, et ce n'est que le 18 décembre que l'Inspecteur de l'Enregistrement, accompagné seulement du secrétaire du Commissaire Central, se présenta et constata que, l'évacuation ayant eu lieu, *on était en règle avec la loi*.

Où en était alors le Collège ?

Puisqu'il était en règle avec la loi, le Collège continuait à vivre. Seulement le bail qui le rendait locataire de l'immeuble depuis 31 ans, et qui avait été renouvelé et enregistré le 3 décembre 1906, ce bail produisait effet non plus entre le Bureau des Séminaires, ancien propriétaire, et lui, — mais entre l'Etat, et lui.

C'est ce que vint confirmer l'Inspecteur de l'Enregistrement qui s'assura que le Directeur, M. l'abbé Philip, reconnaissait le séquestre établi depuis le 14 décembre et lui payerait le loyer stipulé par le bail. Ces assurances ayant été données, il nomma M. Philip gardien de l'immeuble et du mobilier.

La rentrée de janvier se fit donc comme à l'ordinaire : il y eut même 7 élèves nouveaux. Le Collège comptait alors 300 élèves ; et M. Philip présenta à l'Académie une demande d'agrandissement de son local par l'annexion de l'ancien local du Petit-Séminaire, alors évacué.

Tout était tranquille, et l'on arrivait, dans une situation absolument régulière et légale, *au cœur de l'année scolaire*, lorsque contre toute prévision, le Collège était, le 21 janvier 1907, soudainement expulsé !

On n'était pas prévenu

Quelques journaux antireligieux, sentant combien il était nécessaire, à défaut de bonnes raisons, de plaider au moins les circonstances atténuantes, ont prétendu que le Directeur du Collège avait été dûment averti. Les uns ont dit que ce fut avant la rentrée de janvier, les autres quinze jours avant l'expulsion.

Ces deux allégations sont absolument fausses.

D'autres enfin ont soutenu que le Directeur du Collège avait, au dernier moment, le dimanche veille de l'expulsion, à midi, reçu un avis officieux. Il y a ici *une équivoque* qui a été copieusement exploitée et qu'il importe de dissiper.

Le dimanche veille de l'expulsion, à midi, M. l'Inspecteur de l'Enregistrement, se présenta en effet au Collège, demanda à voir le Directeur, M. l'abbé Philip, et ne le trouvant pas, aborda sous le cloître M. Mouchet Supérieur de l'établissement. Après lui avoir dit *qu'il n'était envoyé par personne* et *qu'il n'avait pas de mission à remplir*, il se fit néanmoins l'écho à l'égard du

Collège de menaces alarmantes, mais *imprécises* quant au jour de leur exécution, et *sans dire que l'expulsion aurait lieu le lendemain.*

Quand, dans l'après-midi, M. Mouchet communiqua cette conversation à M. Philip, ils en conclurent tous deux qu'il fallait s'attendre à bref délai, non pas à une expulsion qui n'était pas annoncée et qui était d'ailleurs invraisemblable, mais *à une notification* imminente d'une mise en demeure d'évacuer, notification à laquelle M. Philip fort de son droit et confiant dans la justice, opposerait son bail et sa situation de locataire.

Qui donc en effet aurait pu soupçonner, que, *au mépris de toutes les lois*, l'expulsion aurait lieu *sans notification*, et *sans que le bail fût même examiné?* On ne crut pas le gouvernement capable d'une pareille illégalité... On se trompa.

Mais, en supposant même que, contrairement à ce qui s'est passé, on eût été prévenu le dimanche à midi, qu'aurait-on pu faire ? Appeler les parents par télégramme ? Mais la plupart des parents des 175 pensionnaires habitaient fort loin et n'auraient pas eu le temps d'arriver à Aix le lundi matin ! De plus chacun sait que dans beaucoup de bureaux, le télégraphe et le téléphone ne fonctionnent pas le dimanche soir. De toute façon, par conséquent, les enfants auraient été mis à la rue sans que leurs parents pussent les recevoir !

Mais ce prétendu « avis préalable », ne fut même pas donné. *On n'était pas prévenu* le dimanche.

La preuve d'ailleurs qu'on ne fut pas prévenu, c'est que *le dimanche soir à 6 heures, aucun ordre de l'administration des Domaines n'étant arrivé, on ne savait pas encore à la sous-préfecture, si on procéderait décidément à l'expulsion le lundi !*

Sur l'ordre du Préfet, le Sous-Préfet brusqua les choses. Pourquoi ? Pourquoi aucune notification ne fut-elle faite ? C'est une question à laquelle on n'a pu répondre encore par aucune raison plausible et par aucun motif avouable, et qui reste posée par l'opinion publique.

On met le Siège devant le Collège

Le lundi matin, donc, on ne s'attendait à rien. Aucun avis n'avait été donné aux externes, et plusieurs professeurs sortirent de bonne heure sans méfiance aucune pour aller dire leur messe en ville. Les grilles sont laissées ouvertes.

A 7 h. 20, en effet, six brigades de gendarmerie armées de fusils et *munies de cartouches*, appuyées d'un grand nombre d'agents et d'une compagnie d'infanterie du 55ᵉ viennent former devant la porte principale un barrage que nul ne franchira plus. On repousse et les externes qui se présentent, et les professeurs qui, leur messe dite, veulent rentrer pour leur classe, et les fournisseurs qui arrivent avec leurs provisions, et le docteur Latil *qui insiste vainement pour voir dans l'établissement un malade gravement atteint à qui il donne ses soins*, et les avocats qui veulent prêter leur ministère au Directeur.

Pourparlers inutiles

Cependant M. le Commissaire central Puissant, ceint de son écharpe, sonne à la porte du Collège plusieurs fois, mais sans réponse. Il se décide alors à parlementer avec un des professeurs qui, sorti de bonne heure, n'avait pu rentrer, et demande à voir le Directeur pour conférer avec lui :

— Oui, mais vous entrerez seul ?
— Non, j'entrerai avec mes hommes.
— On n'a pas besoin de gendarmes pour conférer. On n'attentera pas à vos jours, allez, M. le Commissaire !
— .....
— Mais enfin pourquoi venez-vous ? Au nom de qui ?
— Je viens vous expulser par ordre du gouvernement.
— Où est cet ordre ?

M. le Commissaire ne peut répondre !

On va chercher le sequestre M. Delouche, mais M. Delouche grippé ne peut venir. M. Avon arrive :

— M. l'Inspecteur est-ce vous qui nous chassez ?
— Ce n'est pas moi ; ça ne me regarde pas ; et je ne puis rien pour vous.

On insiste alors auprès du Commissaire pour obtenir un délai: il est impossible de jeter à la rue les 175 pensionnaires, *dont 60 ont moins de 12 ans*, sans que les parents soient prévenus. Que deviendraient ces enfants? Ils ne peuvent faire le voyage seuls? Où les faire coucher?

— Référez-en au Sous-Préfet, répond le Commissaire.

Un ancien élève, avocat à la Cour, se rend chez le Sous-Préfet. Dès les premiers mots, celui-ci l'arrête et refuse impitoyablement tout délai.

— Mais enfin, M. le Sous-Préfet, il y a là une question d'humanité !...

— Non, Monsieur, j'ai fait prévenir le Collège hier ; — *on sait comment* — tant pis pour lui s'il n'a pas pris ses mesures.

— Mais que voulez-vous qu'on fasse des 175 pensionnaires? Où les faire coucher?

— Les familles des élèves de la ville n'ont qu'à les recevoir chez elles (!!!)

Ce refus inhumain, accompagné de cette solution facile, est transmis au Commissaire et à l'abbé Philip. Le Commissaire déclare qu'il va faire enfoncer la porte, et comme M. Philip lui objecte son intention d'aller en référé devant le Président du tribunal :

— *Peu importe*, répond-il, *vous pouvez aller en référé ; moi je passe outre !*

Le Cambriolage

A coups de masses de fer deux hommes dont

nous ne voulons pas citer les noms enfoncent la porte.

En entendant ce bruit lugubre, la foule qui s'est amassée sur le boulevard Carnot et que les barrages militaires ont peine à contenir, proteste violemment ; des cris d'indignation et des huées prolongées vont souffleter les auteurs de cette honteuse besogne. Le Commissaire Central est pâle comme un mort; une expression douloureuse et attristée se lit sur les visages des officiers et des soldats obligés de coopérer à l'attentat.

Enfin la porte cède et la force armée fait irruption dans le Collège.

L'Expulsion

Le Commissaire rencontre d'abord l'abbé Philip, assisté de M⁰ Alfred Jourdan, avocat à la Cour, et de plusieurs professeurs.

— Je viens vous signifier d'avoir à partir immédiatement, lui dit-il ?

— En vertu de quel mandat agissez-vous ? demande M⁰ Jourdan.

Est-ce un mandat de justice ?

— Non, c'est en vertu d'un ordre administratif.

— Pourriez-vous nous le montrer ?

— Non, *c'est un ordre verbal*.

Ainsi les expulseurs sont *en pleine illégalité !* Non seulement ils violent le droit du locataire, avant que la justice ait prononcé sur la validité du bail, mais ils ne sont même pas munis de l'arrêté ou du décret qui eût donné un caractère vaguement légal à cet acte injuste et barbare.

Les enfants cependant se sont réfugiés à la chapelle où ils se sont enfermés, saisis d'une émotion facile à comprendre. Le Supérieur a peine à modérer l'excitation des grands, qui indignés, veulent opposer la violence à la violence. Les petits terrorisés, ahuris par la soudaineté de l'attaque, pleurent sans comprendre ce qui se passe. Un petit de dix ans, s'approche de l'abbé Mouchet et ouvrant tout grands ses yeux : « M. le Supérieur, pourquoi on fait ça ? » Un tout petit dit à voix basse à l'un de ses camarades : « Peut-être on va nous tuer ! »

Pendant ce temps les agents expulsent l'abbé Philip, qui à sa sortie est longuement acclamé par une foule sympathique.

Puis, après quelques tâtonnements, le Commissaire fait enfoncer la porte latérale de la chapelle et pénètre escorté des gendarmes armés, dont la présence terrifie les enfants qui croient qu'on en veut à leur vie. Il se trouve alors en face du Supérieur ; celui-ci au nom de la liberté d'enseignement violée, et des règles les plus élémentaires d'humanité méconnues, proteste énergiquement contre ce coup de force. Le Commissaire indifférent à cette protestation fait mine de porter la main sur lui, mais l'attitude des « grands » frémissants d'indignation l'oblige bientôt à plus de décence.

— Et maintenant que doivent faire ces enfants ? demande M. Mouchet.

— Qu'ils montent au dortoir, qu'il fassent un petit paquet et qu'ils sortent tout de suite.
— Pour aller où?
— *Ça ne me regarde pas* !

Cet ordre s'exécute dans un complet désarroi. Des petits paquets de livres et de linges sont faits hâtivement. C'est à grand' peine que l'on obtient la permission pour les pensionnaires d'aller prendre au réfectoire un morceau de pain avant le départ! (*Le Petit Provençal* n'a pas craint de parler du *calme parfait* du repas.)

La Sortie

A 11 heures les premiers externes quittent le Collège; de midi à 4 heures ce sont les pensionnaires, ces derniers désorientés, sans argent, ne sachant où aller, ni à qui se confier. Beaucoup sont chargés de fardeaux trop lourds pour leurs forces qu'ils laissent tomber sur le boulevard. Des rumeurs d'indignation courent, dans la foule toujours accrue, à chacune de ces scènes navrantes.

Plusieurs enfants récemment vaccinés, malades, soignés à l'infirmerie, sont expulsés comme les autres. La plupart arriveront chez eux la nuit, quelques-uns ont à faire un trajet considérable. Les jeunes de F... dont le plus jeune a neuf ans, arrivent à 9 heures du soir auprès de leur mère veuve qui venait de recevoir les derniers sacrements! Que l'on juge de l'émoi de la mère et des enfants!... Des trois enfants de M. M... avocat à Marseille, les deux aînés seuls arrivent chez lui et le plus jeune qui s'était perdu en route ne rejoint la maison qu'à la nuit après plusieurs heures d'une attente angoissée. Les jeunes P... en sonnant chez eux trouvent la maison vide et infestée par la variole ; leurs parents pour fuir la contagion s'étaient retirés depuis deux jours à la campagne ! Un enfant de 10 ans, habitant Lyon, s'arrête à Marseille et ne sachant où aller, passe la nuit chez une coiffeuse qui a bien voulu le recevoir !... Beaucoup de pensionnaires ont un véritable voyage à faire pour rejoindre leurs familles à Barcelonnette, Castellane, Toulon, Montélimar, et dans des villages des Alpes inabordables à cette saison !

Partout l'arrivée soudaine de ces enfants bouleversés et désolés par ce triste spectacle donna lieu à des scènes émues et douloureuses.

Insoucieux des conséquences lamentables de cet exode, le Commissaire Central expulse toujours ! Un déménagement hâtif et désordonné s'improvise dans le plus complet désarroi.

A 4 heures le Collège est évacué ; les professeurs chassés, eux aussi, avec la même brutalité, doivent chercher un gîte chez des familles amies. Il ne reste plus dans le vaste établissement ainsi cambriolé et mis à sac, que trois malades et le personnel strictement nécessaire pour les soigner.

L'Emotion en ville

En dépit des précautions de M. le Sous-Préfet, une manifestation toute spontanée s'organisa bientôt d'une façon permanente sur le boulevard, où une foule sans cesse accrue ne tarde pas à s'amasser dès le matin, à mesure que la stupéfiante nouvelle faisait le tour de la ville. Les ovations qui accueillaient les victimes, les sifflets et les huées partis à l'adresse des crocheteurs et du Commissaire, les paroles énergiques qui couraient dans les rangs flétrissant ce coup de force, manifestèrent suffisamment l'émotion générale soulevée par les procédés du gouvernement. Quelques contre-manifestations, auxquelles un professeur du Lycée et un professeur des Arts et Métiers eurent l'impudeur de se mêler, ne firent que redoubler les cris de protestation du peuple.

Et les agressions brutales dont quelques catholiques furent l'objet en accompagnant à la gare, les professeurs et élèves qui partaient, ne sont pas faites pour modifier le sentiment, de l'opinion publique presqu'unanime dans sa réprobation.

La Presse Aixoise

D'ailleurs toute la presse aixoise sans distinction de partis, blâma sévèrement, à l'exception de la feuille du sénateur Leydet, l'expulsion du Collège et les conditions dans lesquelles elle s'était effectuée. Quelques extraits feront mieux ressortir cette unanimité :

L'Union Républicaine (journal progressiste) :

« Nous posons aux hommes impartiaux de tous les partis la question suivante :

« En quoi la République aurait-elle pu être mise en péril, si ses représentants à Aix avaient, en la circonstance qui nous occupe, accordé aux élèves et aux professeurs du Collège un court délai de 24 heures pour vider les lieux ?

« La réponse ne fait aucun doute pour nous.

« A un mauvais locataire qui ne paie pas ses termes on accorde toujours un délai pour évacuer l'appartement loué.

« Pour les 300 élèves du Collège et pour les professeurs on n'a même pas eu cet égard, bien que plusieurs d'entre eux fussent malades et malgré la rigueur de la saison.

« C'est absolument odieux. »

L'Echo des Bouches-du-Rhône (journal catholique républicain) :

« Tels sont les faits :

« 1° Expulsion opérée sans que les expulseurs aient pu montrer l'ordre en vertu duquel ils procédaient ;

« 2° Expulsion faite sans le moindre avertissement préalable qui eût permis à la Direction du Collège Catholique de prévenir à temps les familles des élèves ;

« 3° Expulsion non point, comme l'ont dit les expulseurs, de *séminaristes révoltés*, car il n'existait plus de Séminaire depuis le 14 décembre dernier, mais du personnel d'un collège établi en parfaite conformité avec les dispositions de la loi Falloux, et soumis à l'inspection académique, qui occupait les lieux dont on le chassait, en vertu d'un bail bien et dûment dressé selon les règles du droit ;

« 4° Expulsion qui jetait à la rue, avec le dernier arbitraire et la dernière brutalité, une foule d'enfants que leurs parents croyaient en toute sécurité entre les mains de ceux à qui ils les avaient confiés.

« On ne peut que les laisser à l'appréciation publique, qui s'en trouvera violemment révoltée et qui pourra admettre qu'ils ont été l'œuvre de sectaires endurcis, mais de vrais et sincères républicains, jamais. »

Le *Mémorial* (journal républicain indépendant) :

« Renvoyer, sans avis préalable, 250 enfants dont les familles n'ont pu être prévenues, interrompre le cours de leurs études, ce qui peut entraver gravement la carrière de ceux qui devaient passer un examen à la fin de l'année scolaire, mettre à la porte des professeurs qui se croyaient dans une situation absolument régulière, nous semble, tout au moins, une violence inutile.

« Elle a été blâmée par tous les républicains qui repoussent les actes d'arbitraire et ne voudraient point voir le gouvernement se charger des fautes qu'il reproche à ses adversaires. »

La *Provence Nouvelle* (journal catholique royaliste) :

« Lorsque les professeurs, traqués par la police et la gendarmerie, comme de vulgaires malfaiteurs, disaient à l'expulseur en chef :

« — Mais enfin, nous sommes ici en vertu d'un bail régulier ; pourquoi nous chassez-vous avant que la justice ait prononcé sur sa validité ?...

« — Je ne dis pas non, répondait le Tout-Puissant d'une voix *altérée*, mais j'obéis aux ordres impératifs de M. le sous-préfet.

« Et M. le sous-préfet s'abritait derrière le préfet, qui lui-même se cachait derrière la bande du G∴ O∴ Clémenceau, Briand et Cie.

« Et personne n'avait d'ordre...

« L'Histoire flagellera impitoyablement cette république menteuse, qui expulse les honnêtes Français au nom de la *liberté*, et soulève les basses passions et les haines inavouables au nom de la *fraternité*. »

Enfin la *Croix de Provence*, journal catholique, consacrant un long article au récit de cette triste affaire la qualifiait de « monstrueux attentat » et disait : « quelle profonde et durable impression cet évènement stupéfiant a produit dans toute la ville ! C'est que deux sentiments ont été profondément atteints : celui de la justice et celui des intérêts. »

Pour atteindre, d'ailleurs, plus sûrement la population aixoise, un groupe d'anciens élèves du Collège faisait apposer dès le lendemain sur les murs de la ville, 50 exemplaires d'une affiche dont voici le texte :

A Coups de Libertés !

« M. Briand a déclaré solennellement à la tribune de la Chambre qu'il lutterait contre les Catholiques *à coups de libertés !*

« La population aixoise a pu se rendre compte, lundi, de ce qu'il entendait par « LIBERTÉ ».

« *Sans avis préalable*, à 7 heures du matin, le Commissaire Central, escorté de 30 gendarmes, d'une dizaine d'agents de police et de 3 compagnies d'infanterie est venu mettre le siège devant le Collège Catholique.

De quel droit ?

« C'est ce qu'il fut impossible de savoir ?

« Aucun décret, aucun arrêté, aucun jugement *n'autori-*

sait cette mesure, comme ce fut établi de la façon la plus formelle devant le juge des référés.

« C'est l'illégalité, c'est l'arbitraire pur, c'est le despotisme !

« Forts de leur bon droit, les professeurs, *locataires réguliers* de l'établissement, refusèrent d'ouvrir la porte ; elle fut enfoncée... *à coups de libertés !*

« La liberté d'enseignement violée ;

« 250 enfants jetés à la rue sans que leurs parents aient été prévenus (un délai de 24 heures ayant été impitoyablement refusé) ;

« Les professeurs dispersés et privés de leur gagne-pain ;

Le Collège bâti, il y a cinquante ans, *exclusivement* avec l'argent des Catholiques, indignement volé par l'Etat ;

« Voilà le bilan de cette triste journée !

« *Liberté, Egalité, Fraternité*, c'est la devise de la République !

« Quand serons-nous donc en République ? »

En Référé

On avait compté un moment sur la justice pour rendre justice...

Au moment même où les crocheteurs enfonçaient la porte du Collège, une instance en référé avait été, comme nous l'avons dit, introduite par M. l'abbé Philip, pour faire surseoir à toute expulsion jusqu'au jugement à intervenir sur la validité du bail.

Le soir même, devant M. le Président du Tribunal civil, Mᵉ Drujon avocat de M. Philip, montrait dans une discussion serrée et avec une argumentation irréfutable que le Collège en règle avec la loi ne pouvait être expulsé qu'en vertu d'un acte administratif régulier, c'est-à-dire d'un décret ou d'un arrêté ayant fait l'objet d'une publication officielle.

Que l'on produise cet acte administratif !

La demande de Mᵉ Drujon reste sans réponse. Il n'y avait ni arrêté, ni décret sur lequel on pût s'appuyer.

— Mais au moins vous devez avoir un acte écrit ? Montrez-le ! Quel est-il ? De qui émane-t-il ?

Pas de réponse !

Et cependant M. le Procureur de la République n'hésita pas à demander que le Tribunal se déclarât incompétent, étant donné l'existence d'un acte administratif !

— Alors l'acte d'un cambrioleur qui vous détrousse, constitue un acte administratif, dès que ledit cambrioleur invoque un ordre du gouvernement que d'ailleurs il ne peut produire ?

— Oui, répondait l'argumentation du Procureur.

La prétention était tellement énorme, que le président Guérin-Long au lieu de statuer immédiatement, renvoya l'affaire à juger en état de référé, par le Tribunal tout entier, au mercredi 23 janvier, lequel Tribunal, après quatre jours de réflexions, adoptant la thèse extraordinaire du Procureur de la République, se déclarait incompétent...

Devant l'Opinion publique

Les trois cents pères de famille, dont les fils viennent d'être ainsi brutalement expulsés, blessés dans ce qu'ils ont de plus cher, protestent, sans distinction d'opinions, contre l'odieux *coup de force*, dont ils sont victimes. Si les Prussiens avaient occupé la ville d'Aix et envahi le Collège, ils auraient sûrement manifesté plus de justice et d'humanité envers des enfants dont les plus jeunes avaient à peine 7 ans!

Un grand nombre de pères de familles d'Aix, des Bouches-du-Rhône, du Var et des Alpes, ont pris l'engagement ferme de ne pas laisser prescrire leur droit et de poursuivre quand sonnera l'heure de la Justice, devant toutes les juridictions compétentes, les auteurs et complices de l'attentat, tant au point de vue des responsabilités civiles que pécuniaires.

En attendant, tous ensemble portent leur cause devant le tribunal qui juge toujours en dernier ressort: *devant l'opinion publique* et la conscience des honnêtes gens de tous les partis.

Ils dénoncent et flétrissent les mesures violentes dont ont été victimes leurs enfants, au mépris de la légalité, du droit et de l'humanité et confiants dans le verdict de la conscience publique, ils pensent aux vers vengeurs du vigoureux poète provençal :

> Quand le peuple a maudit, son arrêt est suprême :
> La peine se prescrit, mais la honte, jamais !

Lettre de Mgr l'Archevêque d'Aix

ARLES ET EMBRUN

Aux Professeurs et aux Élèves

EXPULSÉS

DE

L'ÉCOLE LIBRE DU SACRÉ-CŒUR

Mes vénérés Messieurs et mes chers Enfants,

Quelle désolante surprise me réservait mon retour des réunions de l'Episcopat français. Qui aurait prévu la mesure de police dont votre maison a été l'objet. J'ai pu, en arrivant, me rendre compte de la stupeur indignée de tous ceux que n'aveuglent pas la haine ou le parti-pris.

Un bail régulier rendait votre directeur locataire de l'immeuble affecté à l'école libre. Le licenciement des élèves séminaristes et l'abandon de l'immeuble, qui leur était réservé, rendait la situation de l'établissement claire et légale. Vous étiez sous le couvert d'une loi, qui n'est pas abrogée, et vous étiez en droit de croire que, au moins pendant l'année scolaire, vous ne seriez pas inquiétés. Vous, mes chers Enfants, vous prépariez votre avenir par un loyal travail ; vous, mes vénérés Messieurs, vous donniez largement votre cœur et votre temps à ces enfants, qui vous aimaient.

Quel est donc le danger public, qui a pu motiver une telle mesure ! Pas d'avis préalable, pas d'ordre écrit, pas même un délai : Il faut partir, et sur l'heure. L'imprévu pour tous, l'éloignement pour plus de cent d'entre vous, la rigueur exceptionnelle de la saison, le jour luisant à peine : tout légitimait les protestations et les supplications adressées à ceux qui exécutaient une mystérieuse et inflexible consigne. Ils n'ont donc pas l'honneur d'être pères, ceux qui contraignaient des enfants de moins de dix ans à sortir, en costumes de classe, sans précautions contre le froid, avec leurs livres sous le bras ; les uns, cherchant leurs parents, qui ignoraient la décision policière, les autres, effarés, ne connaissant personne, ne sachant où aller, interrogeant les regards, et se livrant aux braves gens qui les recueillaient par humanité. Ils n'ont pas songé à l'indignation de vos mères et à l'écœurement de vos amis.

A peine entrés dans la vie, mes chers Enfants, vous faites l'expérience des épreuves, qui en sont la loi, et vous pouvez, dès vos premiers pas dans la carrière, sentir combien est vraie cette pensée d'un poète :

Un grand nom coûte cher, par les temps où nous sommes ;
Il faut rompre avec Dieu pour vivre avec les hommes.

Car nul ne s'y est trompé : Ton crime, ô chère Ecole libre, est d'être catholique, et ce n'est pas impunément que tu t'appelles *Ecole libre du Sacré-Cœur* ; le secret de votre expulsion, mes chers Enfants, est dans le caractère franchement catholique de l'éducation qui vous était donnée. C'est par ce que vous vous réclamez hautement de vos croyances que vous êtes frappés d'ostracisme. Soyez-en plutôt fiers, et ne vous refusez pas la très pure et très noble satisfaction que vous pouvez attendre du rôle qui vous sera confié par la France et son Christ. Vous avez déjà vu de quelle sympathie vous ont honorés les spectateurs honnêtes des odieuses scènes du boulevard Carnot et du cours Mirabeau. Mais, dès aujourd'hui, vous recueillez un premier bien, au profit de votre avenir : celui d'une vigoureuse trempe de caractère, puisque vous êtes aux prises avec les rudes réalités de la liberté de conscience, et que vous subissez l'oppression pour demeurer libres de croire et de vivre selon votre foi. Et puis, mes chers Enfants, c'est parmi vous que la France, quand elle saura le vouloir, trouvera les hommes, qui ne se vendent jamais, et qui font passer l'honneur et le devoir avant le plaisir ou l'intérêt. C'est parmi vous, mes chers Enfants, que le Christ-Jésus trouvera ceux qu'il décore du titre de défenseurs et d'amis, et dont Il a dit à l'avance :

« Celui qui m'aura reconnu devant les hommes, je le reconnaîtrai devant mon Père, qui est au Ciel. » Vous êtes jeunes ; les hommes passent ; le Christ demeure, et son Eglise avec Lui. La Patrie aura besoin de vous ; demeurez chrétiens pour demeurer dignes de la France, de vos familles et de vous-mêmes.

Nous voilà séparés, mes chers Enfants ; nous nous retrouverons. En attendant, votre Archevêque vous bénit, vous et vos vénérés Maîtres, du plus intime de son cœur dévoué.

Aix, le 24 Janvier 1907.

† FRANÇOIS, *Arch. d'Aix, Arles et Embrun.*

Aux Fondateurs du Petit-Séminaire

et du Collège Catholique

Le Collège était né d'une grande pensée ;
Que la mémoire au moins de ses saints fondateurs
Soit d'un culte pieux par nous récompensée :
D'un foyer d'idéal ils furent créateurs !

Ils savaient que la vie, obscure, a ses naufrages,
Qu'il lui faut un navire à l'épreuve des flots,
Qu'il lui faut un rayon dont les plus noirs nuages
Ne dérobent jamais l'éclat aux matelots.

Or ils croyaient au Christ ; ils croyaient que la voile
Ayant la croix pour mât seule au bonheur conduit,
Ils croyaient que le Verbe est seul la blanche étoile
Qui des hauteurs des cieux éclaire toute nuit.

Allumer une étoile au ciel de la jeunesse,
Fréter des cœurs avec un idéal pour loi,
Fut le rêve de leur paternelle tendresse
Pour les enfants lointains qui naîtraient de leur foi.

Et sur un sol par eux acquis, dans la lumière
Du droit et du ciel bleu, ce monument grandit,
Et leur noble pensée éleva, pierre à pierre,
Ces toits deux fois sacrés où la Croix resplendit.

Quand ils dressaient ces murs, comme on élève un phare
Sur un port de départ, leurs rêves attendris
Voyaient du bord joyeux d'où l'avenir démarre
S'envoler vers le Bien des flottilles d'esprits.

Le cœur fier d'être ainsi pour leur part la lumière
Et le sillon doré qui conduit vers les cieux,
Jeunes des longs espoirs à leur saison dernière,
Ils vieillissaient avec cette aube dans les yeux.

Puis confiants — hélas ! — dans la foi de la France
Qui s'était faite un jour gardienne de leurs vœux,
Aux fils de leur Esprit léguant leur espérance,
Quand ils durent mourir ils moururent heureux.

Quand sur sa fin l'ardent pilote de l'Idée
Voit son vieux gouvernail passer à d'autres mains
Par une main d'ami si sa voile est guidée,
Il meurt en paix rêvant d'éternels lendemains.

*
* *

Ne dormez plus en paix, morts sacrés, dans vos bières,
L'alarme sonne en France et n'entendez-vous pas
Dans cette nuit d'hiver, autour des cimetières,
Les voix des officiers, les pas sourds des soldats.

Ne croyez point pourtant l'étranger à nos portes :
Notre frontière au loin sous les neiges dormant
S'étend blanche et muette, et dans les branches mortes
Seuls les vents de la nuit murmurent vaguement.

Le péril est étrange, ô morts ! En cet asile
Que votre cœur pour eux construisit autrefois,
Dans les dortoirs pleins d'ombre où la lampe vacille
Dorment en paix vos fils à l'abri de la Croix.

Au blanc matin ils vont s'éveiller et reprendre
Leurs classiques encore ouverts sur les bureaux,
Les jardins faits pour eux de nouveau vont entendre
Le bruit de leurs ébats plus gai qu'un chant d'oiseaux :

Or c'est là le péril national ! Par l'armée
Il faut que vos enfants de vos toits soient bannis,
Il faut que dès ce soir votre maison fermée
N'abrite plus que ceux qui vous auront trahis !

Qu'ont donc commis vos fils ? Rien, mais la croix de pierre
Que vous aviez dressée à des airs triomphants
La Croix est bien encor laissée au cimetière,
Mais on veut l'arracher de l'âme des vivants !

Ne tremblez plus, nations où flotte l'oriflamme
De l'aigle noir prussien, du léopard ami ;
La France vous sourit, la France a changé d'âme
Et le Christ désormais est son seul ennemi !

Lorsque vous entendez par delà la frontière
Des cliquetis de sabre et des bruits alarmants,
Peuples, ne craignez rien ! La France humaine et fière
Ne frappe que ses fils, ne hait que ses enfants !

Mais vous, morts, dont la cendre a créé la patrie,
Vous qui la vouliez grande et juste sous les cieux,
Vous pleurez de la voir, par la haine assombrie,
Fouler aux pieds vos droits, renier ses aïeux !

Vos volontés du moins étaient encor vivantes
Et debout dans ces murs couronnés de la Croix ;
Vos volontés, hélas ! maintenant impuissantes,
Retombent en poussière, et vous mourez deux fois !

Car de quelque beau nom qu'on voile un acte infâme,
Violer les droits des morts c'est violer des tombeaux,
C'est mettre un pied affreux sur ce qui reste d'âme
Et de cœur et de vie au fond des noirs caveaux !

Une plainte sortit de votre cimetière
Et les cœurs les plus durs sentirent un remords,
Et l'âme d'Aix, cité du droit et de lumière,
Souffrit dans les vivants et gémit dans les morts ;

Et dans cette nuit-là, de deuil enveloppée,
Plus d'une ombre longtemps sous les cloîtres erra,
La main du Roi René frémit sur son épée,
Et le juste Peiresc sur son socle pleura,

Et tous vers le palais où trône la Justice
Se tournèrent ainsi qu'on cherche un arc-en-ciel,
Puis comme il restait noir, sans qu'un rayon jaillisse,
Levèrent tristement leurs regards vers le ciel.

*
* *

Mais deux témoins, ô morts, gardent votre demeure ;
La Vierge sur son seuil et la Croix à son front
A vos spoliateurs parleront à leur heure :
Leur présence muette est déjà leur affront.

Ils oseront un jour les abattre peut-être
Pour mettre sous vos toits quelque école sans Dieu,
Et dans ces murs sacrés on entendra le maître
Expliquer l'univers sans parler du ciel bleu.

Et ce sera le fruit de votre sacrifice
Que l'athéisme soit dans vos champs récolté,
Et qu'une main barbare, afin qu'elle fleurisse,
Sur votre arbre de foi greffe son impiété !

Mais les pierres alors clameront l'injustice
Et songeant tristement aux hôtes envolés
Crieront : Comment ici parler de la justice ?
Ces bancs, ces murs, ces toits, vous les avez volés !

Car ce n'est pas pour vous que ce cloître rappelle
Des souvenirs sacrés qui vous sont odieux,
Ni pour votre impiété que la blanche chapelle
Elève vers le ciel son fronton radieux !

Non ce n'est point pour vous que son vitrail gothique
Illumine ses saints aux rayons du soleil
Et verse dans la nef la lumière mystique
Où la prière éclôt en un rêve vermeil !

Ce n'est point pour vos chants de révolte et de haine
Que ces orgues de paix font entendre leurs voix,
Ni pour vos cœurs sans foi que la cloche ramène
Le cycle auguste et saint des fêtes d'autrefois !

Non ce n'est point pour vous qu'en mars nos violettes
Et nos roses en mai parfument nos jardins,
Et ce n'est point pour vous qu'au printemps nos fauvettes
Sur nos arbres en fleurs chantent tous les matins !

Non ce n'est point pour vous qu'ils étendent leur ombre
Ces marronniers, ces pins, par d'autres mains plantés,
Et c'est pour le Christ seul que notre bosquet sombre,
Aux nuits des Fêtes-Dieu se piquait de clartés !

Rien n'est à vous ici ; quittez ces lieux ; vous n'êtes
Que des intrus par qui ces biens sont désolés ;
Le droit est éternel ! Nos voix jamais muettes
Répèteront : Ces biens, vous les avez volés !

Ainsi protesteront les saintes voix des choses,
Echos des souvenirs et gardiennes des droits
Et toute conscience, aux voix des murs, des roses,
Joindra, témoin sacré, son immortelle voix !

*
* *

Que serons-nous demain ? La nuit est sans étoile,
La mer houleuse au loin n'est plus qu'un sombre écueil,
Mais vous nous guiderez, ô morts, et notre voile
Pourra vers l'avenir cingler avec orgueil.

Rendez au cœur français l'amour de la justice,
Rendez votre maison et votre œuvre à vos fils,
Et si Dieu ne veut pas que la France périsse,
Etoilez son ciel noir du divin Crucifix !

www.ingramcontent.com/pod-product-compliance
Lightning Source LLC
Chambersburg PA
CBHW070700050426
42451CB00008B/447